AF221126

Marion Jana Goeritz

Ein Hauch
von Lila-Violett

Bibliografische Information der Deutschen Nationalbibliothek:

Die Deutsche Nationalbibliothek verzeichnet diese Publikation in der Deutschen Nationalbibliografie; detaillierte bibliografische Daten sind im Internet über http://dnb.dnb.de abrufbar.

Coverbild: Marion Jana Goeritz

Herstellung und Verlag: BoD – Books on Demand, Norderstedt

ISBN: 978-3-7519-8994-7

Herzlich willkommen
liebe Leser,

manche Farbe Träumerei,
manche Farbe Wirklichkeit?
Wenn eigene Farben sich in uns
zeigen, fühlen wir uns dann
immer glücklich? Zeigen sich
unsere schönsten Farben in der
Welt, dürfen wir hoffen, dass es
auch andere gibt, die sich mit
ihnen zu etwas noch Größerem,
auch Wunderbaren zusammen-
fügen lassen können. Und wenn
die Welt zu einem Diamanten

hell erstrahlt, dürfen wir sagen,

das ist durch uns, für alle.

Herzlichst

Marion Jana Goeritz

Ein Traum aus Lila-Violett.
Worte darin schwiegen Liebe.
Weiter Horizont
getaucht in Farbe,
nicht Morgen,
das Heute ist bestimmt.

Ein altes Land
mit groben Steinen,
rauen Felsen
zerbröselt durch die Zeit.
Morgenlicht erhellte
was sich einst darunter befand.
Dieses Land neu bestellt
mit Sonnenflut im Herzen.
Kein grober Stein,
kein rauer Fels.
Nur Mutter-Erde,
Grün und Bunt
mit Wasser klar und rein.

Eine Frau, noch jung an Jahren
trägt ein Kleid mit Zauberstein.
Schön ist sie, auch engelsgleich
scheint sie zu sein.
Ihre Augen leuchtend hell,
ihre Lippen sind ganz still.
Sie bewegt sich leise fort,
doch ein Herz
zu ihr noch spricht:
"Du bist so schön, ich liebe
dich."
An ihrem Kleid der Glitzerstein,
nun Rosarot sich zeigt.
Ihre Augen Sternenglanz,
ihr roter Mund nun spricht:

"Ich suchte Liebe, ich fand dich.
So gehe ich nur mit dir,
wohin auch immer
der Weg uns führt."
Der Glitzerstein an ihrem Kleid,
sich nur in Rot nun zeigt.
Vier leuchtende Augen,
zwei rote Münder,
sich oft berühren sanft.
Doch als die Nacht vorüber,
war der Glitzerstein verloren,
sie fand ihn niemals wieder.
An ihrem Kleid
sitzt nun ein Knopf,
verziert mit bunter Farbe.
Ihre Augen leuchtend hell,
ihre Lippen nie ganz still und

sie bewegt sich leise,
weil ihr Herz gern fühlen
möchte, nur den einen,
der bei ihr ist.
Den, der auch aus seiner Seele
nur zu ihr spricht
"Liebe, Liebe, dich suchte ich."

Gebettet auf Moos
im grünen Land, liegt sie weich,
so lieblich da.
Schaut mit wachen Augen
zu den hohen Kronen,
denkt an nichts,
doch nichts war klar.
Gedankenruhe unter Zweigen
sanftes wiegen
im leichten Wind.
Blätterrauschen,
Blätter schweben,
wie weiße Federn,
welch eine Taube verlor.
Auf grünem Moos
lag sie gebettet,

im grünen Land sah sie auf.
"Ein Traum,
war er wirklich verloren?"
dachte sie und lebte auf.

Kein Gold
lässt ihre Seele so lachen,
auch keine Rose rot.
Nur der Glaube
an eine schöne Seele,
die in einem Menschen wohnt.
Kein Silber,
rührt so an ihrer Seele,
auch kein Gedanke
einfach nur so.
Nur ein liebes ehrliches Wort,
das der Wahrheit gebot.
Kein selbstgefälliger Wille,
hat ihrer Seele
ein Lachen geschenkt,

kein Mensch
der immer nur wollte,
weil er Liebe verdrängt.
Nur ihre Selbstliebe,
die Liebe
zu einem
liebenswerten Menschen,
bei dem sie sich geborgen fühlt,
weil auch er sie
mit Liebe beschenkt und
wahre Freundschaft
die vieles versteht,
die Licht und Liebe gönnt,
lässt ihre Seele
erstrahlen
in ihren schönsten Farben.

Sie schien so unerschütterlich,
erzählte ihr von sich.
Von ihrem Schicksal,
ihrem Leben, von ihrer Liebe,
ihrem Schmerz.
Erzählte ihr von einem Buch,
dort waren Seiten beschrieben
in Grün, auch Rot.
Sie erzählten von Wegen,
auch von Straßen, von Wunden,
die niemals heilen wollten.
Sie sprach vom Gehen
Schritt um Schritt, vom Lieben,
mit einem, der Liebe
auch fühlt.
Das Buch, so sagte sie ihr,

erzählte ihr so viel
und sie verstand als sie es las,
nicht das Ankommen
wäre ihr Ziel,
wohl eher das Gehen dorthin.
Sie lauschte ihren Worten,
fühlte in sich, erkannte etwas
wie Wahrheit darin.
Ertappte sich beim Suchen,
sie schaute ihr dabei zu.
Freundlich lächelte sie und
fragte "Bist du, schon du?"
Sie hob ihre Schultern, lächelte
zaghaft, "Ich hoffe es."
In ihr fühlte sie
so tiefen Frieden,
und da nahm sie ihre Hand,

"Kind das weiß man, wenn man
sich selber kennt."
Eine Träne lief über ihr Gesicht,
sie nahm sie auf und sagte
"Das ist die Antwort für dich."

Hoher Fels im Ozean,
Wellengesang bricht sich an dir.
Sonnenlicht
findet unter die Wogen.
Sein Gesicht ein anderes,
als das ihre.
Hoher Fels im Ozean,
Wind und Wellen trugen ab
den Sand in dir.

Als ihre Zeit der Wahrheit kam,
sie erkannten sich im Spiegel.
Ihr Licht ein Leuchtturm,
damit das Gute erblühen darf.

Einst ein Traum,
der traurig stimmte.
Vieles war verschwommen
in grauer See.
Berührte ihr Kleid,
seine Schuhe.
Was blieb von dem,
was Schicksal heißt?
Liebe ohne Leid.

Ist es das Licht des Morgens,
das ihn immer wieder weckt?
Stolz zieht er seine Bahn
auf blauer Flut.
Wartet und wartet nicht,
bis die Wellen
am Fels sich brechen.
Sein Gefieder schwarz,
sein Gefieder schneeweiß,
dann es seines gleichen sucht.
Seine Augen sich in den Wellen
des Meeres zeigen,
immer wieder, sanfter,
als noch zuvor.

Ein Stern reiste von so weit her
in aller Stille.
Nur am Firmament ein heller
Schweif,
so erlosch er im Morgenlicht.
Verbrachte keine Stunde
am Himmelszelt und doch hatte
sie ihn nur erblickt.
Womöglich wollte er nur sagen
"Dich gibt es wirklich, wie schön
das ist."

Viele schöne Schmetterlinge
tanzten wild im Garten.
Ihre bunten Farben schmückten
ihre Flügel zart.
Auf einer Schaukel
saß ein Mädchen,
ihr blondes Haar
vom leichten Wind bewegt.
Ihr rosa Kleid
schmückte eine Schleife,
schön wie ein Schmetterling.
Sie sang ihr Lied
zum Himmel hoch,
sie sang es mit Gefühl.

Und ein großer Engelsreigen
blickte durch die Wolken tief,
schützte ihr kleines Paradies.

Die Türme der Stadt
leuchten weit.
Regentropfen, leises rinnen,
die Farben der Türme
jedoch laut.
Schirme bunt begegnen sich,
die Türme stehen frei
und grüßen.
Türen klappen auf und zu,
manch Glöckchen spielt dazu.
Manches Lachen laut,
manche Träne
bleibt wohl ungesehen,
Herzen
fühlen leise im Vorübergehen.

"Was tu ich nur, was sagt die Zeit?"

Heute wird sie gesehen
in ihren Farben.
In Rosa, Rot, Orange.
In Gelb und Lila,
in Grün und Weiß.
Das was gestern noch in Grau
heute weiß schon trägt.
Was heute weiß, morgen in
bunten Farben strahlt.

Ein stiller Moment,
Seelenheil.
Am Morgen
bevor der Tag erwacht,
am Abend,
wenn die Sterne prangen.
Und zwischendurch Liebe, Liebe.

Erblüht
im sanften welligen Grün.
Rosa Schleife an Glitzerschein.
Entsprungen
dem Wasser nicht allein.
Nur die Erinnerung
scheint verblasst zu sein.

Wenn sich die Seele bettet
auf warme Erde,
die kein Wasser
gerade durchzieht,
schaut man
in zwei offene Augen.
Fühlt das grüne Lied?
Kennt die Strophen,
kennt den Refrain?
Singt das Lied mit
oder ist man stumm?

Es sind nicht mehr
die kleinen Wege,
sie gehen auf breiten
grünen Straßen.
Das Grün an ihren Füßen
erzählt auch
von alten tiefen Seen,
über die nun
hohe Brücken gleiten.
Und in kleinen weißen Booten,
in denen sie auch einst verweilt,
sitzen heute andere und warten
auf ihre grüne Zeit.

Vertrauen in die Augen
ihrer Seele,
so schwamm sie im tiefen Meer
bis zum Grund.
Grünes Licht
bestimmt den Weg ihrer Ziele.
Ihr Seelenlicht erstrahlt,
weil sie Heilung gewählt.
Ihre Farben sprechen hell
in ihr Leben.

Schreib deiner Liebe Noten auf,

die du so lieblich auch singst.

Spiele deiner Liebe
ein Abendlied,
das es im Morgen noch klingt.

Schwarze Farben
ihr werdet fallen!
Es wandelt sich,
es wird bunt und hell.
Herz spricht Liebe. Seele Bände,
erzählt vom Grund,
alles aufgeräumt.

Sternenfeuer, Planetentanz.

Glänzende Straßen über uns.

Silber Schein holt uns ein.
Verkündet Gutes
für den Morgen.
Seid mutig,
wir werden bei euch sein.

Gibt es neues auf der Welt?
Die Mode
wird nie neu erfunden.
Der Wolf
heult immer noch den Mond
wohl an,
die Vögel
zwitschern in den Bäumen.
Der Wald ergrünt
im Frühlingsduft,
die Sonne zieht
von Ost nach West.
So schön das alles ist,
es darf auch noch
schöner werden.

Die versunkenen Seelen
im tiefen Meer, ihr Farbenspiel
noch grau weiß.
Doch
aufgetaucht am Morgen schon,
sind diese Farben geheilt
vom Grau.
Sie haben gelernt zu lieben.

Im Grün des Gartens
eine Schaukel
brachte sie zum Himmelszelt.
Unter ihr so graue Farben
ihrer kleinen Wirklich-Welt.
Übers Dach sah sie sich fliegen,
freute sich im Kleinen so,
unterm Kirschbaum,
dort im Schatten,
erklang ihr Lied aus dem Radio.
Ihr Lächeln einfach zauberhaft,
ihr Augenglanz erzählte,
erstrahlte oft nur
von der Schaukel
in die Welt hinein.

Liebe leben fiel ihr schwer,
sie brauchte noch mehr Mut.
Ein Herz aus Gold besaß sie
schon,
was fehlte war die Zeit.

Auf sich selbst zurückgeworfen,
wegen eines Gefühls,
das gestern noch
nur ein Gedanke war.
Gefühle
mit unguter Erinnerung
verziert, falsche Entscheidung
getroffen?
Selbstliebe ist,
sich gesund selbst zu lieben,
dabei auch
eigene Fehler zu besiegen.
Es besser zu tun,
als am Tag zuvor.

Und wenn sie liebt, glaubt sie,
sie löst sich auf.
Wellen berühren tief.
Zart rosa, gelb, lila und rot,
auf Wolke sieben schwebt sie.
Blickt sie in sich, fühlt sie ihn,
der neben ihr liegt.
Blickt er sie an, fliegt sie hoch.
Nur ein Gefühl
dies beschreiben kann.
Liebe.

Sein Leben hat das ihre geküsst,

geblieben ist die Mitte.

Sie sind sich Anker
bei Sonnenlicht,
doch auch im Regen
halten sie sich.
Das nennt man wohl
Glück auf Erden.
Ihre Tränen fingen sie auf,
wandelten sie
in silberne Perlen,
sie leuchten nun in ihre Zeit,
auf ihren Weg
und auch auf ihre Straßen.

Und wenn sie strahlen,
strahlen sie.
Sie sind dankbar,
dass sie sich gefunden.

Himmelblau auch Regen grau,
die Laune des Himmels
manchmal verwegen.
Wolken schweben
in Formen von Herzen herbei,
Drachengesicht und allerlei,
wenn es
nach seinem Feuer sucht,
zünden der Sonne
helle Strahlen.
Fliege nie zu hoch,
kleines Drachenkind.
Doch fliege
durch die große Welt,
in deine Wirklichkeit.

War Angst der Begleiter
zu einer Zeit,
war die Zeit doch ungenutzt.
Spuren auf der Seele gelassen,
durch grünes Licht geheilt.
Das Herz entfacht,
die Augen offen
durch Veränderung
und dann auch hoffen.
Wichtig ist,
der Mensch erkennt,
wichtig auch,
dass er es benennt.

Leicht bewegter weißer Schal,
ein Windhauch
berührte ihn leise.
Ihre Haut verhüllt,
warmer Mantel der Nacht
noch über sie wacht,
still erblickt sie den Morgen.
Sonnenstrahlen
sich am Fenster brechen,
wenn sie ihrem Wunsch gehört,
diese Momente
dürfen sich immer wiederholen.

Irgendwo in der Umlaufbahn
flog einmal ein Kosmonaut.
Seine Funksprüche
nur verpeilt empfangen,
ihre behielt sie zur Not.
Ein Weg hier ein anderer dort.
Kontakt war verboten.
Was ihr Herz berührte,
berührte seines wohl kaum.
Darum war sie aufgebrochen
und ist auf dem Weg
zu ihrem guten Lohn.

Fingerspitzengefühl ist wohl
auch: Wenn man nicht schießt,
einfach nur schnippst.
Zum Mond
mit One Way Ticket.
Vielleicht auch
in eine
unbekannte Umlaufbahn.

Bewegen sich
Orange mit Grün beim Tanz,
halten sich
im Schweif der Musik,
drehen sich ihre Bänder,
um ihre Träume
und singen nur ein Lied.
Manchmal
hält es nur einen Tag,
manchmal
ein ganzes Leben lang.

Nebelschwaden erhoben sich
hin zum Licht der Sonne.
Grüner Gürtel nun in Sicht,
groß, weit, so stolze Träume.
Nicht jeder begibt sich
auf die Reise,
mancher steht da und staunt.
Doch erzählten sie auch wahr,
wo manches Grün
im Winter schwieg?

Das Weltendach, abertausend
funkelnde Sterne,
manch Verliebte
bestaunen diesen Zauber
der Nacht.
Herz an Herz, ich liebe dich.
Siehst du den Stern
dort leuchten?
Welchen meinst du, den dort
drüben, dort den größten?
Nein. Schau doch einmal,
dieser da!
Ja, jetzt sehe ich sein Licht.
Es ist der Glanz
in deinen Augen und er spricht
"Vergissmeinnicht."

Ein Bild zerschellte,
die Welt sie ruhte.
Zentrifuge.
Ein Flug zu den Sternen.
Bunte Steine, Mosaik.
Ein schönes Bild erstellt.
Die Welt, sie muss erwachen.

Mag sein,

ein Wort es schmerzte sehr?

Mag sein,

der Regen

wusch die Tränen fort?

Mag sein,

die Sonne

trocknete die Tropfen

auch schnell?

Mag sein

es kommt einmal wieder?

Und dann?

Silberne Sterne berühren Haut,
Gedankenverloren
auf Samt und Seide.
Ein alter Traum erzählt
von Liebe.
Im gestern schon so oft erzählt,
im heute keine Wirkung mehr.
Wachstum, Seelendiamant.

Und wer sie fragt,
wird überrascht sein.
Ihre Augen auch ein Feuerwerk!
Worte,
danach musste sie
niemals ringen.
Seelenwissen
einfach und so klar.
Ihre Wahrheit, ist die Wahrheit,
weil sie nur die eine kennt.
Ihre Welt so viel anders,
vielleicht auch klein.
Vorwärtszugehen
dazu braucht es Mut.
Sie ist mutig.
Sie steht zu sich selbst.

Herz zersprungen,
dunkle Schwere frei.
Begibt sich auf weißes Licht
und vergeht, vergeht, vergeht.

Das bunte Farbenspiel
des Abends, spiegelte sich auf
blauer Welle.
Träume fanden schöne Ziele,
ein Boot, vielleicht auch zwei.
Gedanken leer, Gefühle leise,
Hände berührten sanft.
Die Sonne schenkte
mit letzten Strahlen
gelb-rote Farben dem Meer.
Wohin die Reise?
Sie wollten es fühlen.

Doch hat die Nacht
im Sternenlicht
es ihnen schon verraten?

In Momenten ohne Licht,
Blickwinkel
schnellstens verändert.
Neues, gutes zugelassen,
Heilung in Sicht.

Wölbt sich das Rot des Himmels
über die Welt,
scheint die Weite
doch endlich im Augenblick.
Glitzernde Wellen
ziehen alles mit,
gehen damit
auf eine große Reise.
Wenn Grün im Feld erblüht,
sich windet
nach oben zum Licht,
reisen wir mit.
Stark verwurzelt
in unserem wirklichen Sein,
erleben wir die Welt
in vielen Farben.

Die eigene Farbe jedoch
ist von unermesslichen Wert,
malt sie schön,
manchmal auch für andere.

Schienen lassen gleiten,
schnell und schneller,
langsam auch.
Grüne Wiesen,
asphaltierte Straßen,
vieles kann man sehen.
Gedanken kommen,
Gedanken gehen,
Gefühle nehmen ein,
was richtig ist und
darauf kommt es doch wohl an
im Leben.

In einer Zeit, ein kalter Saal,

doch jemand trat dort ein.

Ging auf Dielen,

die nicht knarrten,

erzählten nichts vom dem

was schwieg.

Gehalten sein, war der Traum.

War es er, der sich dort zeigte?

Kein Kampf, nur Liebe fühlte er

und bunte Farben

an den Wänden, helles Licht,

auch Sonnenschein.

Die Stufen des Lebens
erklommen, dabei Freude
im Herzen empfunden.
Türen aus altem Holz gesehen.
Klinken aus Eisen drehen.
Feuerwerk der Seelen,
leise hörbar, doch so schön.
Heiles Herz, gesunde Seele,
Gefühle leicht und angenehm.

Nie gesucht, doch gefunden.
Schritte brachten sie dahin.
Hinauf gestiegen
durch die Landschaft,
die sie nun blühend,
um sich sieht.
Ihr alter Glaube neu entfacht?
Heute,
wie in der Vergangenheit?
Ihr Licht schon zeigt
es Tausendfach, sie schaut auch
mit dem Herzen gut.

Zwischen Fels und Bäumen
versteckt im hellen Grün,
sah sie noch den Rest
der Mauer aus grauem
kalten Stein.
Seelenfarben, Herzenswunsch,
schönes darf erwachsen und
mit jedem Regenschauer
zerbröselte das graue Gestern.
Das Grün erzählt es schon.

Du mutige Seele,
du tanztest so schön,
auf hohem Fels
der in bewegtem Wasser steht.
Dabei entdecktest du
eine andere, sendetest ihr auch
glänzende Fasern.
Wassertröpfchen zieren sie,
ihr Bunt,
es leuchtet in der Sonne.
Es war die Brücke
zwischen euch,
sie verband, was ihr gefühlt.
Doch ist da eine, die sich zeigt,
was ihre ist auch ihre bleibt.

Schöne Farben erblühen im Nu
auf beiden Seiten.

Von Marion Jana Goeritz ebenfalls beim Verlag BoD erschienen (BoD Books on Demand, Norderstedt, nähere Informationen finden Sie unter www.BoD.de)

„Liebe für die Seele Band 1"
ISBN 978-3-7357-4045-8

„Liebe für die Seele Band 2"
ISBN 978-3-7357-7734-8

„Seelenweiß"
ISBN 978-3-7347-5769-3

„Seelen essen Liebe gern"
ISBN 978-3-7347-8706-5

„SeelenEngel"
ein spiritueller Erfahrungsbericht
ISBN 978-3-7386-2588-2

„SeelenSchlüssel"
ISBH 978-3-7386-3844-8

„Seelenfarben"
ISBN 978-3-7386-3947-6

„Seelenschimmer"
ISBN 978-3-7386-4014-4

„Seelenfinden"
ISBN 978-3-7386-4037-3

„Ein Gefühl meiner Seele"
ISBN 978-3-7386-1506-7

„Seelenfrieden" Danken, Bitten, Entspannung ein persönlicher Erfahrungsbericht
ISBN: 978-3-7386-4884-3

„Seelenweihnacht"
ISBN: 978-3-7504-9858-7

„Im Land unter dem Regenbogen" Wunderbare Märchen und unglaubliche Geschichten
ISBN: 978-3-7392-0115-3

„Freddy und seine Geschichten"
ISBN: 978-3-7386-3321-4

„SeelenWorte"
ISBN: 978-3-7392-0455-0

„Herzanker"
ISBN: 978-3-7392-3482-3

„Im Fluss der Liebe"
ISBN: 978-3-7392-3489-2

„Seelenklänge"
ISBN: 978-3-7392-3532-5

„Liebeslied"
ISBN: 978-3-7392-3548-6

„Wahre Traumtänzerin"
ISBN: 978-3-7392-3556-1

„Emilia Sommerfeld"
ISBN: 978-3-7392-3787-9

„Für mich war es Liebe"
ISBN: 978-3-8423-5362-6

„Kaleidoskop"
ISBN: 978-3-8423-5738-9

„Die verzauberte Wiese"
ISBN: 978-3-7412-0772-3

„Seelenbrücke"
ISBN: 978-3-7412-0890-4

„Wetterleuchten"
ISBN: 978-3-7412-2740-0

„Zentrifuge"
ISBN: 978-3-7412-4011-9

„Für Dich"
ISBN: 978-3-7412-4018-8

„Hannos Geschichten"
ISBN: 978-3-7412-9373-3

„Das Eulenherz"
ISBN: 978-3-7431-0009-1

„Eine Reise irgendwo hin"
ISBN: 978-3-7421-0042-8

„Ist das wirklich wahr?"
ISBN: 978-3-7431-1549-1

„Stille Momente"
ISBN: 978-3-7431-1586-6

„Engelszwirn"
ISBN: 978-3-7431-1594-1

„Anders"
ISBN: 978-3-7448-3582-4

„Wenn es spricht"
ISBN: 978-3-7448-3583-1

„Jonas und die Himmelsleiter"
ISBN: 978-3-7448-5452-8

„Farbenregen"
ISBN: 978-3-7448-5453-5

„Wellenfarbe"
ISBN: 978-3-7448-7311-6

Blanchefleur
ISBN: 978-3-7448-7415-1

„Winterzauber"
ISBN: 978-3-7448-9885-0

„Seele was denkst du dir?"
ISBN: 978-3-7448-9937-6

"Der Südwind
der aus dem Norden kam"
ISBN: 978-3-7448-8206-4

"Erinnerungsblick"
ISBN: 978-3-7460-1281-0

„Mosaik" Gefühle und Gedanken
Gedichte
ISBN:978-3-7460-1320-6

„Begegnung"
ISBN: 978-3-7460-9595-0

„Sternenozean"
ISBN:978-3-7460-9685-8

„Himmelsstern"
ISBN: 978-3-7528-5012-3

„Mut verspricht Lebendigkeit"
ISBN: 978-3-7528-5071-0

„Liebeswort-Gedichte"
ISBN: 978-3-7528-6639-1

„Wenn Schiffe wandern"
ISBN: 978-3-7528-6655-1

„Bunte Federstriche" Gedichte
ISBN: 978-3-7481-0960-0

„Himmelblau und Sonnenreich"
Tierseelengeschichten
ISBN: 978-3-7481-3289-9

„Durchreisen"
ISBN: 978-3-7386-5903-0

„Grüne Traummusik"
ISBN: 978-3-7392-4925-4

„Bewegung"
ISBN: 978-3-7481-4013-9

„Wolken am Himmelsrand"
ISBN: 978-3-7494-8219-1

„Schrittweise"
ISBN 978-3-7448-0116-4

„Das grüne Kleid im Labyrinth"
ISBN: 978-3-7504-0490-8

„Zweiundzwanzig Wegboten"
ISBN: 978-3-7504-0676-6

„Lamberts schönster Wunsch"
ISBN: *978-3-7504-5232-9*

„Die wunderbare Josepha"
ISBN: 978-3-7504-5232-9

„Schmetterlingszeit: ein Geschenk ist erkannt"
ISBN: 978-3-7519-3282-0

„Willkommen im Leben" Gedichte
ISBN: 978-3-7519-3394-0

„Blauer Diamant auf Seelengrund"
ISBN: 978-3-7519-5608-6

Weitere Informationen zu allen meinen Büchern oder zu Neuerscheinungen finden Sie immer auf meiner Seite
www.buchkaleidoskop.Reikipraxis-Goeritz.de